# L'ÉTAT

## LE DROIT OBJECTIF ET LA LOI POSITIVE

PAR

## Léon DUGUIT

PROFESSEUR A LA FACULTÉ DE DROIT DE L'UNIVERSITÉ DE BORDEAUX

PARIS

ANCIENNE LIBRAIRIE THORIN ET FILS

**ALBERT FONTEMOING, EDITEUR**

Libraire des Écoles françaises d'Athènes et de Rome,
du Collège de France, de l'École Normale Supérieure
et de la Société des Etudes historiques

**4, RUE LE GOFF, 4**

—

1901

Albert FONTEMOING, éditeur, 4, rue Le Goff, 4, à Paris

# REVUE GÉNÉRALE
# DU DROIT, DE LA LÉGISLATION
### ET DE
# LA JURISPRUDENCE
### EN FRANCE ET A L'ÉTRANGER

### Dirigée par MM.

**C. APPLETON**
Professeur à la Faculté de droit
de Lyon;

**Alph. BOISTEL**
Professeur à la Faculté de droit
de Paris;

**J. BRISSAUD**
Professeur à la Faculté de droit
de Toulouse;

**Th. DUCROCQ**
Professeur honoraire à la Faculté de
droit de Paris, Doyen honoraire,
Correspondant de l'Institut;

**J<sup>h</sup> LEFORT**
Avocat au Conseil d'État et à
la Cour de cassation,
Lauréat de l'Institut;

**Fréd. MATHÉUS**
Ancien maître des requêtes au
Conseil d'État;

**J.-B. MISPOULET**
Docteur en droit. Lauréat
de l'Institut,
Secrétaire-rédacteur
de la Chambre des députés;

**H. PASCAUD**
Conseiller à la Cour d'appel
de Chambéry;

**J. VALERY**
Professeur de droit commercial
à l'Université de Montpellier.

**H. BROCHER**
Professeur aux Universités
de Genève et de Lausanne.

**Enrico FERRI**
Député. Professeur à l'Université
de Rome.

**Fréderick POLLOCK**
Professeur à l'Université d'Oxford,
Correspondant de l'Institut.

AVEC LE CONCOURS D'UN GRAND NOMBRE DE PROFESSEURS, DE MEMBRES DE LA MAGISTRATURE
ET DU BARREAU FRANÇAIS ET ÉTRANGER

---

## LA REVUE GÉNÉRALE DU DROIT

Paraît tous les deux mois (depuis le 1<sup>er</sup> janvier 1877) par livraisons de chacune six feuilles (*au moins*) grand in-8° cavalier et forme, à la fin de l'année, un fort volume de 600 à 650 pages, imprimé sur beau papier en caractères neufs.

Le prix de l'abonnement est de 16 fr. pour la France et les pays faisant partie de l'Union générale des postes. — Pour les autres pays, les frais de poste en sus. Prix du numéro double, séparément : 3 fr. 25.

---

Tout ce qui concerne la Revue doit être adressé *franco* à M. Albert FONTEMOING, éditeur-propriétaire-gérant de la **Revue générale du droit.**

*On s'abonne, en province et à l'étranger, chez les principaux libraires et dans les bureaux de poste.*

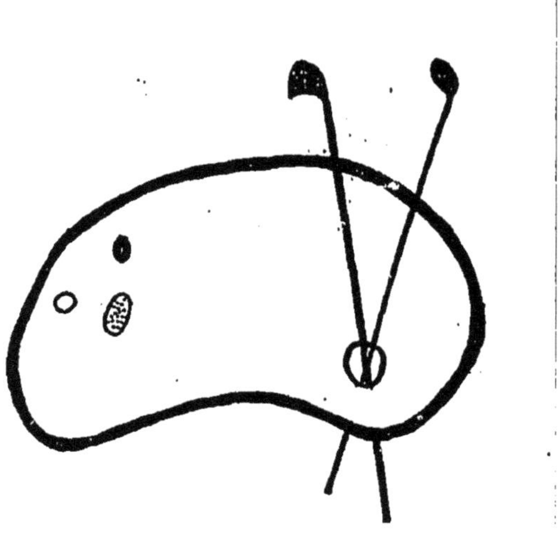

FIN D'UNE SERIE DE DOCUMENTS
EN COULEUR

# L'ÉTAT

## LE DROIT OBJECTIF ET LA LOI POSITIVE

PAR

### Léon DUGUIT

PROFESSEUR A LA FACULTÉ DE DROIT DE L'UNIVERSITÉ DE BORDEAUX

PARIS

ANCIENNE LIBRAIRIE THORIN ET FILS

**ALBERT FONTEMOING, EDITEUR**

Libraire des Écoles françaises d'Athènes et de Rome,
du Collège de France, de l'École Normale Supérieure
et de la Société des Etudes historiques

**4, RUE LE GOFF, 4**

—

1901

Extrait de la *Revue générale du droit*.

TOULOUSE. — IMPRIMERIE A. CHAUVIN ET FILS, RUE DES SALENQUES, 28.

# L'ÉTAT

## LE DROIT OBJECTIF ET LA LOI POSITIVE [1]

I. Prétendue personnalité de l'Etat. — II. L'Etat limité par le droit. — III. Notion générale de la règle de droit.

Peut-être y a-t-il quelque témérité à publier un livre sur l'Etat et le droit, quand, depuis des siècles, le problème est étudié sous toutes ses faces et que les plus grands esprits n'ont pu le résoudre. Cependant, nous tentons l'entreprise. Aussi bien notre excuse est-elle que nous voulons faire avant tout une œuvre négative, montrer que l'Etat n'est point cette personne collective, investie d'un pouvoir souverain, imaginée par l'esprit inventif des publicistes, que le droit n'est point cette construction édifiée de toutes pièces par les juristes sur le fondement peu stable du droit individuel ou de l'omnipotence de l'Etat, que tout cet ensemble de fictions et d'abstractions s'évanouit à la simple observation de la réalité. En un mot, notre but n'est point de dire ce qu'est l'Etat, ce qu'est le droit, mais bien plutôt de dire ce qu'ils ne sont pas. Heureux si nous pouvons contribuer, pour notre modeste part, à briser les cadres étroits et artificiels dans lesquels s'enferme depuis des siècles la pensée juridique.

I

Sauf quelques rares exceptions, toutes les théories modernes de l'Etat et du droit public reposent sur la notion de l'Etat-personne, sur la notion de l'Etat conçu comme la personnifi-

(1) Nous sommes heureux de donner ici la remarquable introduction écrite par un savant aussi distingué que M. le professeur Duguit pour le livre qu'il vient de publier récemment à la librairie Albert Fontemoing sous ce titre : *L'Etat, le droit objectif et la loi positive.* (Note de la rédaction.)

cation de la collectivité, et avec diverses variantes on retrouve partout la définition donnée par Bluntschli : « L'Etat est un ensemble d'hommes composant une personne organique et morale, sur un territoire donné, dans la forme de gouvernants et de gouvernés, ou plus brièvement : l'Etat, c'est la personne politique organisée de la nation dans un pays déterminé (1). »

Tantôt on voit dans l'Etat une volonté, la volonté collective de cette personne morale dont parle Bluntschli : théorie métaphysique de l'Etat, qui procède directement de J.-J. Rousseau et dont nos constitutions de la période révolutionnaire sont la plus pure expression. « La souveraineté est une, indivisible, inaliénable et imprescriptible; elle appartient à la nation (2). »

Tantôt l'Etat est la collectivité organisée, réalité biologique vivante comme l'individu, vaste organisme dont les individus sont les cellules composantes, soumis aux lois qui président à la naissance, au développement et à la mort de tout organisme (3).

Tantôt l'Etat est conçu à la fois comme organisme et comme volonté, l'organisme étant le support de cette volonté. « L'essence de l'union étatique, » dit Gierke, « consiste en ce qu'elle a pour contenu la direction souveraine de la volonté commune; elle est la communauté de l'action politique; sa substance est la volonté commune; sa forme extérieure, la puissance organisée; sa fonction, l'action consciente du but... Il y a un Etat propre du moment où un organisme spécial et particulier de la vie étatique s'est établi (4). » Et Gerber : « La puissance

---

(1) Bluntschli, *Théorie générale de l'Etat*, traduction Riedmatten, p. 18, 2ᵉ édit., 1881.

(2) Const. 1791, tit. III, Pr., art. 1.

(3) R. Worms, *Organisme et société*, spécialement p. 5 et 17, 1896; — Novicow, *Annales de l'Institut intern. de sociologie*, 1897, p. 192 et suiv.; — Lilionfeld, *Méthode organique en sociologie*, dahs *Annales de l'Inst. de sociol.*, 1894, p. 39 et suiv.; — Lilienfeld, *Pathologie sociale*, 1896. — Voir une réfutation intéressante de la doctrine organique par M. Tarde, dans *Revue philosophique*, 1896, t. I, p. 637; et les discussions au Congrès de sociologie, dans *Annales de l'Institut de sociologie*, 1898. — Cf. van Krieken, *Die organische Staatslehre*, 1873; — Jellinek, *Das Recht des modernen Staates*, t. I, *Allgemeine Staatslehre*, p. 132 et suiv. — Ce dernier ouvrage a paru pendant l'impression de notre volume.

(4) Gierke, *Die Grundbegriffe des Staats*, dans *Zeitschrift für die gesammte Staatswissenschaft*, 1874, t. XXX, p. 160.

étatique est la puissance de vouloir d'un organisme moral conçu comme personne. Elle n'est pas un assemblage artificiel et mécanique de plusieurs volontés individuelles, mais la puissance collective morale du peuple conscient de lui-même (1). »

Tantôt, enfin, on affirme la personnalité collective de l'Etat sans s'expliquer sur son caractère métaphysique ou organique. L'Etat, déclare-t-on, est une personne juridique, c'est-à-dire un sujet de droit ; l'Etat entre en relation juridique avec d'autres Etats, d'autres collectivités, avec les particuliers ; il est donc un sujet de droit, il est donc une personne. « Le fondement théorique », dit Jellinek, « de la conception juridique de la notion d'Etat est la réalité indubitable, naturelle et historique du peuple, dominé par une puissance établie sur un territoire déterminé... Personnalité ou personne, c'est la capacité d'être titulaire de droits, en un mot la capacité juridique. Elle n'appartient pas au monde des choses en soi ; elle n'est pas une réalité, mais une relation d'un sujet à un autre et d'ordre juridique... La personnalité est non pas le fondement, mais le résultat de la communauté juridique... La conception de la personnalité de l'Etat se confirme comme exacte, parce que seule elle peut donner aux manifestations du droit public une explication juridiquement satisfaisante. Seule elle permet de concevoir juridiquement le droit international (2). » Enfin notre savant collègue,

_______

(1) Gerber, *Grundzüge des deutschen Staatsrechts*, p. 19, 218, 225, 3ᵉ édit., 1880. — Voy. aussi Preuss, *Gemeinde, Staat, Reich, als Gelbietkörperschaft*, spécialement p. 137-173, 199-232, 1889. — M. Hauriou écrit : « Le tissu métaphysique étatique est la société en tant que fondée sur des idées abstraites, sur la raison, sur la justice, sur l'idéal » (*La science sociale traditionnelle*, p. 355, 1896. Voy. aussi, *Précis de droit administratif*, La théorie de l'Etat, p. 1 et suiv., 3ᵉ édit., 1897, et *Leçons sur le mouvement social*, 2ᵉ appendice, p. 144). Il y a, dans ces différents ouvrages, des conceptions ingénieuses mais souvent mystiques, et qui, nous le craignons bien, n'ont rien de scientifique. La théorie des tissus n'est pas reproduite dans la 4ᵉ édition du *Précis de droit administratif*, qui vient de paraître, et M. Hauriou y définit l'Etat : « une société qui a engendré en elle-même une chose publique et qui s'y conforme par la souveraineté ». « Cette définition », ajoute l'auteur, « fait apparaître trois éléments fondamentaux de l'Etat : une société, une chose publique, une personne souveraine en qui s'incarne le pouvoir politique ». (Hauriou, *Précis de droit administratif*, p. 6, 4ᵉ édit., 1900.)

(2) Jellinek, *System der öffentlichen subjektiven Rechte*, p. 20, 26, 27, 32, 1892. — Dans son livre *Allgemeine Staatslehre*, qui vient de paraître, Jellinek écrit : « L'Etat peut donc être conçu uniquement comme sujet de droit, et c'est à la

M. Esmein, écrit : « L'Etat est la personnification juridique d'une nation ; c'est le sujet et le support de l'autorité publique... Cette autorité, qui naturellement ne reconnaît point de puissance supérieure ou concurrente quant aux rapports qu'elle régit, s'appelle la souveraineté... Le sujet ou titulaire idéal et permanent (de cette souveraineté) qui personnifie la nation entière, cette personne morale, c'est l'Etat qui se confond ainsi avec la souveraineté, celle-ci étant sa qualité essentielle. » Et il ajoute : « C'est une abstraction, mais une abstraction féconde, et le produit d'un long développement historique (1). »

Toutes ces doctrines, quelles que soient l'autorité et l'ingéniosité de leurs défenseurs, ne sont qu'hypothèses et fictions, quand elles n'aboutissent pas à un cercle vicieux. Jellinek déclare que le monde des juristes n'est pas le monde qui forme l'objet de la connaissance théorique, mais qu'il est le monde de l'action, de la vie pratique... « Un monde des choses pour nous, non des choses en soi (2). » Il a raison. Mais

notion de *Körperschaft* qu'il doit se rattacher. Certainement, les hommes sont toujours le substrat de la *Körperschaft*, les hommes qui forment une unité collective, dont une volonté dirigeante est établie par les membres de la collectivité. Mais la notion de *Körperschaft* est une notion purement juridique, à laquelle, comme pour toutes les notions de droit, ne correspond, dans le monde des faits, rien d'objectivement perceptible : elle est une forme de la synthèse juridique pour exprimer les rapports juridiques de l'unité collective, sa relation avec l'ordre juridique » (p. 150). C'est bien la même idée que veut exprimer M. Michoud quand il écrit : « Pour la science du droit, la notion de personne est et doit rester une notion purement juridique : le mot signifie simplement un *sujet de droit*, un être capable d'avoir des droits subjectifs lui appartenant en propre, rien de plus, rien de moins... Nous devons voir dans la notion de personnalité une notion générale commune au droit public et au droit privé... Tout droit doit être rattaché à un sujet capable de le posséder et de l'exercer ou par lui-même ou par des représentants. Si cela est vrai du droit de propriété et des autres droits privés, cela est vrai aussi des droits de souveraineté qui appartiennent à l'Etat... » On voit la conclusion : l'Etat est un sujet de droit, il est une personne, et il ne peut être que la collectivité personnifiée : à ce titre seulement il peut avoir et il a le droit de commander (Michoud, *La notion de personnalité morale*; *Revue du droit public et de la science politique*, 1899, t. I, p. 8, 12 et suiv.; tirage à part, p. 4, 9 et suiv., 1899). — Voy. aussi Bornatzik, *Kritische Studien über den Begriff der juristische Persönlichkeit der Behörden insbesondere* (*Archiv für öffentliches Recht*, t. V, 1890, spécialement p. 204 et suiv.); — H. Rehm, *Allgemeine Staatslehre*, dans *Handbuch des öffentlichen Rechts* de Marquardsen, 2ᵉ partie, p. 149 et suiv., et spécialement p. 156, 1899.

(1) Esmein, *Eléments de droit constitutionnel*, p. 1, 2ᵉ édit., 1899.

(2) Jellinek, *System der subjektiven öffentlichen Rechte*, p. 15, 1892. — Dans

n'est-ce pas précisément affirmer l'existence d'une chose en
soi qu'affirmer l'existence d'une personnalité collective derrière les actes, la vie pratique des individus? N'est-ce pas,
suivant l'expression du même auteur, créer des hyposta-
ses (1), c'est-à-dire donner la personnalité à ce qui n'est que
la manifestation d'une force? On veut rester dans le monde de
la réalité et on a raison. Il n'y a de science, quelle qu'elle soit,
qu'à cette condition. Or, les faits les voici : des hommes qui ont
des besoins communs, qui ont des aptitudes diverses, qui échan-
gent des services, qui ont toujours vécu en commun et ont toujours échangé des services, qui, par suite de leur nature physique, ne peuvent vivre qu'en commun et en échangeant des
services, des hommes dont les uns sont plus forts que les autres et dont les plus forts ont toujours imposé une contrainte
aux plus faibles, des hommes qui agissent, qui ont conscience
de leurs actes. Voilà les faits. Hors de là, tout n'est que fiction.
Ces hommes réunis forment, dit-on, un être vivant et organisé,
pensant, voulant, distinct des individus qui le composent. On
ne l'a jamais vu, et on a écrit des volumes sans pouvoir démontrer son existence. Derrière ces volontés et ces consciences
individuelles, il y a, dit-on, une volonté et une conscience col-
lectives, distinctes des volontés et des consciences individuelles.
Sans doute, un certain nombre d'hommes, à une même époque,
veulent et pensent la même chose. En résulte-t-il une volonté,
une conscience qui ne soit pas la somme des consciences et des
volontés individuelles? Qu'on admette l'hypothèse irréalisable
où tous les hommes d'un même groupe social pensent et veulent identiquement la même chose : en sortira-t-il une volonté
et une conscience qui ne soient pas celles des individus? Mais,
dit-on, cette volonté est déterminée par des buts différents des
buts individuels; elle est donc une volonté distincte de la volonté individuelle. Non; une volonté individuelle, même déterminée par un but collectif, reste une volonté individuelle. Qui
affirme cette prétendue conscience collective? L'individu. Son

son livre *Allgemeine Staatslehre*, p. 145, Jellinek déclare « qu'à la notion de
droit comme telle ne correspond aucune réalité extérieure à nous. » Nous
n'admettrons jamais cela. Singulière science que celle qui a pour objet des
notions qui ne correspondent à aucune réalité extérieure!

(1) Jellinek, *loc. cit.*, p. 31, et *Allgemeine Staatslehre*, p. 150.

affirmation est un acte de conscience individuelle. Que l'individu se saisisse comme solidaire des autres hommes ; que le premier acte de la conscience humaine ait été une représentation de la solidarité sociale, c'est possible, c'est même probable. L'acte n'en a pas moins été un acte de conscience individuelle. Vous pouvez affirmer que l'individu pense et agit, vous ne pouvez affirmer autre chose. Mais derrière ces pensées et ces actes, qui nous apparaissent comme des pensées et des actes individuels, il y a, dit-on, l'essence collective. Nul ne le sait. L'affirmer, c'est formuler une hypothèse métaphysique, c'est raisonner comme les physiciens et les physiologistes qui, derrière les phénomènes de la nature et de la vie, voyaient le phlogistique et le principe vital ; comme les psychologues qui, sous les phénomènes psychiques, affirmaient l'existence d'une substance pensante, d'une âme immortelle, croyance consolante assurément, affirmation religieuse, sans doute ; affirmation scientifique, non.

Mais, ajoute-t-on, si l'on n'admet pas la personnalité de l'Etat, le droit public s'effondre ; il n'y a plus de droit public. Singulier raisonnement ! Il faut qu'il y ait un droit public ; donc, il faut que l'Etat soit la personnification de la collectivité. On devrait commencer par prouver la nécessité d'un droit public. On ne la démontre point. Le cercle vicieux est complet. Prouve-t-on, d'ailleurs, qu'il ne peut y avoir un droit public que si l'Etat est une personne ? Ces rapports de droit qu'on affirme *a priori* on les fait reposer sur ce qu'on appelle des droits subjectifs, c'est-à-dire sur des pouvoirs qui appartiennent à des sujets : pour qu'il y ait un droit public, il faut qu'il y ait des droits subjectifs publics, et, pour cela, il faut qu'il y ait des sujets de droit. L'Etat a des droits subjectifs, donc il est un sujet de droit, une personne. Il faudrait commencer par prouver que ce que l'on appelle l'Etat a des droits subjectifs. La notion elle-même de droit subjectif est une notion *a priori*. Depuis des siècles, on a affirmé l'existence de droits individuels appartenant à l'homme et on a construit toutes les théories juridiques sur cette affirmation hypothétique. La doctrine du droit naturel est venue, au dix-huitième siècle, préciser cette conception. Et tous les juristes contemporains, même ceux qui réservent tous leurs sarcasmes pour le droit de la nature, en sont imprégnés. Ils ne voient dans le droit que le rapport de deux sujets de droit, de deux personnes. Il faut donc créer ces sujets de droit quand dans le fait ils n'existent pas, et on imagine la personnalité de l'Etat. Mais il eût fallu se demander, au préalable, ce qu'il y avait de réalité dans ces prétendus droits subjectifs, si ce monde des droits subjectifs n'était pas un monde artificiel et vain, si tous ces raisonnements n'étaient pas une scolastique vide, un jeu d'esprit sans portée. Au surplus, l'aveu du néant de toutes ces doctrines a échappé à un des défenseurs les plus autorisés de la personnalité de l'Etat. Voulant expliquer la différence qui sépare le représentant et l'organe, Jellinek écrit : « Derrière le représentant, il y a une autre personne ; *derrière l'organe, il n'y a rien* (1). » Le même auteur dit encore : « L'Etat ne peut exister qu'au moyen de ses organes ; si on supprime par la pensée les organes, il ne reste point l'Etat support de ses organes, mais un néant juridique (2) ». S'il n'y a rien derrière ce qu'on appelle les organes de l'Etat, c'est que la personnalité de l'Etat est une pure fiction, c'est qu'il n'y a que les organes, c'est-à-dire des individus qui imposent aux autres individus leur volonté, et cela sous la sanction de le contrainte matérielle.

II

Des groupements humains fondés sur la communauté des besoins, sur la diversité des aptitudes individuelles, sur la réciprocité des services rendus; dans ces groupements humains, des individus plus forts que les autres, soit parce qu'ils sont mieux armés, soit parce qu'on leur reconnaît un pouvoir surnaturel, soit parce qu'ils sont les plus riches, soit parce qu'ils sont les plus nombreux, et qui, grâce à cette plus grande force, peuvent se . .e obéir par d'autres : voilà les faits. Qu'on appelle Etat un groupement humain, fixé sur un territoire déterminé, où les plus forts imposent leur volonté aux plus faibles, nous le voulons bien. Qu'on appelle souveraineté politique ce pouvoir des plus forts sur les plus faibles; nous y donnons les mains. Aller au delà, c'est entrer

(1) Jellinek, *System der subjchtiven öffentlichen Rechte.* p. 29, 1892.
(2) Jellinek, *Allgemeine Staatslehre*, p. 512, 1900.

dans l'hypothèse. Dire que cette volonté de ceux qui commandent ne s'impose aux individus que parce qu'elle est la volonté collective, c'est fiction imaginée pour justifier ce pouvoir des plus forts, fiction ingénieuse, inventée par les détenteurs de la force pour légitimer cette force, mais pas autre chose. « Politique de la force », dit Ihering en parlant du droit (1); politique de la force, dirons-nous de cette fiction, qu'on appelle la volonté collective. Politique dangereuse, car elle crée et maintient le conflit séculaire entre l'individu et l'Etat qui personnifie la collectivité, entre l'intérêt individuel et l'intérêt collectif, conflit qui ne peut se résoudre, nous le craignons bien, si cette politique se continue, que par le triomphe de la tyrannie collectiviste ou de l'anarchisme individualiste. Nous voulons montrer qu'il n'y. a pas, qu'il ne peut pas y avoir d'opposition entre l'intérêt individuel et l'intérêt collectif, entre l'individu et l'Etat, que l'intérêt de tous et l'intérêt de chacun sont étroitement solidaires, qu'il y a une coïncidence permanente et absolue des buts collectifs et des buts individuels, que d'après l'expression de Karl Marx (2), « le libre développement de chacun est la condition du libre développement pour tous », que plus la société se fortifie, plus l'homme s'individualise et réciproquement (3); qu'en d'autres termes, l'*individuel* et le *collectif* se confondent, car le lien social est d'autant plus fort que l'individu est plus libre, et l'individu est d'autant plus libre que le lien social est plus fort. L'Etat n'est donc point cette personne collective, représentant contre l'individu, les droits de la collectivité. L'Etat est un groupement dans lequel il y a des hommes qui doivent employer leur force matérielle à réaliser l'intégration sociale en protégeant l'individu et protéger l'individu en travaillant à l'intégra-

<hr>

(1) Ihering, *Der Zweck im Recht*, t. I, p. 367, 1877.

(2) K. Marx et Fr. Engels, *Manifeste du parti communiste*, p. 41, édit. française. D'après le *Manifeste*, il n'en sera ainsi qu'après l'anéantissement de l'ancienne société bourgeoise et de ses antagonismes de classes. S'il est vrai que dans les rapports sociaux le libre développement de l'homme est la condition du libre développement pour tous, cela, nous semble-t-il, est vrai avant comme après le triomphe de la classe prolétarienne. Mais ne touchons pas à Karl Marx; c'est un dieu dont l'église est fermée aux profanes.

(3) Jaurès, *Socialisme et liberté*, dans *La Revue de Paris*, 1ᵉʳ décembre 1898, p. 481.

tion sociale. Ou du moins ce sont ces hommes mêmes, plus forts que les autres. C'est dire que dans notre pensée, si la puissance politique est simplement le pouvoir des plus forts, un simple fait, il y a cependant une règle qui s'impose à ces plus forts comme elle s'impose à tous. Cette règle est la règle de droit. Nous aurons à en montrer le fondement, le caractère et la portée. Nous verrons qu'elle est sociale et individuelle à la fois, permanente dans son principe, essentiellement changeante dans ses applications. Fondée sur la coïncidence des buts sociaux et individuels, cette règle trouve sa première expression dans la conscience des hommes, son expression plus complète dans la coutume, dans la loi positive, et sa réalisation dans la contrainte matérielle de l'Etat, qui n'est ainsi que la force mise au service du droit, non pas d'un prétendu droit subjectif, mais d'une règle sociale des consciences et des volontés individuelles.

Nous voudrions montrer qu'en niant le droit individuel subjectif, qu'en niant ces prétendus droits naturels fondés, d'après l'expression de M. Henry Michel, « sur l'éminente dignité de la personne humaine (1), » nous n'arrivons point aux conclusions décevantes de la doctrine réaliste allemande, dont le représentant le plus accrédité, Seydel écrit : « C'est une vérité inébranlable : il n'y a pas de droit sans le souverain (*Herrscher*), au-dessus du souverain, ou à côté du souverain ; il n'y a de droit que par le souverain (2). » Nous pensons, au contraire, qu'il y a un droit sans le souverain et au-dessus du souverain. Nous repoussons également la doctrine de l'*auto-limitation* de l'Etat défendue par Jellinek et qui paraît avoir séduit quelques-uns des représentants les plus distingués de la jeune école française. « De même, dit Jellinek, que l'Etat à la faculté d'*auto-détermination*, de même il a la faculté d'*auto-limitation*... En vertu de l'*auto-limitation*, de force physique, l'Etat devient force morale ; sa volonté s'élève d'une puissance sans limite à une puissance juridiquement limitée à l'égard des autres personnalités (3). » L'explication

(1) Henry Michel, *L'idée de l'Etat*, p. 646, 1896.
(2) Seydel, *Grundzü einer allgemeinen Staatslehre*, p. 14, 1873.
(3) Jellinek, *Gesetz und Verordnung*, p. 198, 1887. Cf. *Die rechtliche Natur der Staatenvertrage*, p. 9 et suiv., 1880, et *Allgemeine Staatslehre*, p. 331 et

est ingénieuse; mais elle ne résoud pas le problème : cette *auto-limitation* de l'Etat est purement illusoire. Les limites que l'Etat s'imposera à lui-même, elles lui seront dictées par son but, par les mœurs, par l'opinion publique; elles sont morales, politiques, économiques, elles ne sont pas juridiques (1). Nous repoussons tout cela, et nous croyons fermement qu'il y a une règle de droit supérieure à l'individu et à l'Etat, supérieure aux gouvernants et aux gouvernés, qui s'impose aux uns et aux autres, que s'il y a une souveraineté de l'Etat elle est juridiquement limitée par cette règle de droit. Ou le droit n'est rien, ou il est une limitation des volontés individuelles, et ce qu'on appelle la volonté de l'Etat n'est au fond que la volonté d'un certain nombre d'individus. Cette limite de l'Etat, elle est à la fois positive et négative : il y a des choses que l'Etat est obligé de faire; il y a des choses que l'Etat ne peut pas faire. Cette double limite, c'est à la science du droit qu'il appartient d'en fixer le principe, à l'art juridique d'en établir la formule et la sanction pratique. Si la science et l'art juridiques sont impuissants à le faire, leur étude ne vaut pas une minute d'effort.

Ce principe d'une règle limitant positivement et négativement les pouvoirs de l'Etat, nous ne pouvons, nous l'avons déjà dit, le trouver dans le droit individuel antérieur à l'Etat. Le droit de l'individu est une pure hypothèse, une affirmation métaphysique, point une réalité. Il implique à l'origine des sociétés le contrat social, qui est en soi une antinomie; car, en expliquant la société par le contrat, on oublie que l'idée de contrat ne pouvait venir qu'à l'esprit des hommes vivant en société : le contrat est né de la vie sociale et non la vie sociale du contrat. En faisant du droit un pouvoir subjectif appartenant à un sujet de droit, on est forcément amené à voir partout des rapports entre sujets de droit, et on fait de l'Etat un sujet de droit, en personnifiant arbitrairement la collectivité; on édifie ces théories artificielles et caduques qui provo-

---

suiv., 1900. — Voy. Le Für, *Etat fédéral et confédération d'Etats*, p. 434 et suiv., 1896.

(1) Nicolas Saripolos, *La Démocratie et l'élection proportionnelle*, t. I, p. 278, 1899. — Jellinek, *Allgemeine Staatslehre*, p. 213, 1900. Voy. cependant Id., *ibid.*, p. 336.

quent à juste titre les railleries des sociologues et des philoso-
phes. Si notre législation positive moderne, et particulièrement
notre législation civile, se trouve en conflit chaque jour avec
les besoins nouveaux, si elle se plie mal aux tendances et aux
aspirations de la vie moderne, c'est précisément qu'elle repose
tout entière sur cette notion du droit subjectif. Sans doute
toute une jeune école essaye, par une interprétation plus souple, d'adapter nos textes positifs vieillis aux besoins nouveaux (1). L'œuvre est louable; mais elle ne peut aboutir.
L'édifice tout entier s'effondre et l'on veut recrépir la façade
ou bâtir des contreforts. Sa chûte définitive peut être ainsi
retardée; elle est inévitable. Toute la législation positive de
nos Codes a été établie sur le fondement du droit individuel ;
et le droit est social, exclusivement social. L'homme moderne
sent ou conçoit le droit comme un produit social. Cette antinomie entre les législations positives et la conscience moderne
est, à notre sens, une des causes profondes du malaise dont
souffrent nos sociétés.

Ce n'est pas à dire cependant que la doctrine des droits naturels individuels ne soit pas venue à son heure et n'ait pas
rendu un immense service. La première elle est venue affirmer
que le pouvoir de l'Etat est limité par le droit; et cela restera
l'éternel honneur de la Révolution française. Quand, au mois
d'août 1789 et au mois de septembre 1791, les députés aux
Etats Généraux affirmaient que le pouvoir de l'Etat n'est pas
sans limite, que le législateur lui-même ne peut pas tout
faire (2), ils étaient plus grands que Napoléon à Austerlitz ou
à Wagram. Mais partant d'un principe artificiel, ils ne pou-
vaient faire qu'une œuvre incomplète. Ils ne voyaient pas que
ces limites de l'Etat ne sont pas fixes, mais au contraire infi-
niment variables, changeant avec les temps et les pays, que
par exemple, si l'Etat peut, à certaines époques, interdire à
l'individu de s'associer, il est d'autres temps où la règle de
droit l'oblige au contraire à respecter toutes les associations.
De plus et surtout, si la doctrine des droits individuels peut

----

(1) Voy. particulièrement Planiol, *Traité élémentaire de droit civil*, spécialement p. 38, 1900 ; — Gény, *Méthode d'interprétation et sources en droit privé
positif*, 1900.

(2) Const. 1791, tit. I, § 3.

limiter négativement les pouvoirs de l'Etat, elle est impuissante à déterminer les obligation *positives* qui lui incombent. Sans doute M. Henry Michel estime, au contraire, que la doctrine bien entendue du droit individuel peut fonder à la fois les obligations négatives et positives de l'Etat, et, par exemple, l'obligation de l'Etat à l'assistance (1). Nous ne le croyons pas : si l'individu a des droits parce qu'il est un homme, il ne peut avoir que les droits qu'il tient de la nature, et d'après l'expression du dix-huitième siècle, il a les droits de l'*homme naturel* et pas plus. La collectivité ne peut pas toucher à ces droits, ou du moins elle ne peut y toucher que dans la mesure où cela est nécessaire pour protéger les droits de tous. Elle a ce pouvoir ; et l'homme n'a de droits que ceux qu'il tient de sa personnalité, « de son éminente dignité ». Le droit à l'assistance est un droit social, nous voulons dire un droit qui ne peut avoir qu'une origine sociale. Dans la doctrine individualiste pure, l'homme ne peut l'imposer à l'Etat, car s'il le pouvait, il ne tiendrait ce droit que de l'Etat, de la collectivité, ce qui serait précisément la négation de la doctrine individualiste. La doctrine des droits individuels est bien impuissante à fonder les obligations positives de l'Etat. Ces obligations existent cependant. L'Etat ne doit pas être seulement un *Etat de police* ou un *Etat de droit*, mais aussi un *Etat de culture*. Expressions célèbres (2) qui montrent bien notre pensée. Nous ajouterons cependant : police, droit, culture, ces choses ne sont qu'une seule et même chose ; elles désignent l'ensemble des obligations positives et négatives qui s'imposent à l'Etat ou, plus

____

(1) M. Henry Michel estime que la doctrine individualiste bien comprise conduit à reconnaître, comme s'imposant à l'Etat, des obligations positives, comme le devoir d'assistance, le devoir d'enseignement, et le droit corrélatif de l'individu à l'assistance et à l'enseignement (*L'idée de l'Etat*, p. 93 et 466). Nous admettons sans hésiter ces obligations pour l'Etat ; mais nous doutons qu'on puisse les faire dériver de la doctrine individualiste sans lui donner une extension qui en serait la négation. Si les auteurs de la *Déclaration des droits* de 1793 ont reconnu le droit à l'assistance, le droit au travail et le droit à l'enseignement, comme semblent le prouver les articles 22 et 23 de la Déclaration, il resterait à prouver que dans leur pensée ils se rattachaient à la conception individualiste. — Voy. d'ailleurs *infra*, ch. IV, § 5.

(2) Voy. notamment Gierke, *Die Grundbegriffe des Staats*, dans *Zeitschrift für die gesammte Staatswissenschaft*, t. XXX, p. 161, 1874. — Gneist, *Der Rechtstaat*, 1872, et 2ᵉ édit., 1879.

exactement, qui s'imposent à tous les individus d'un groupe
social, aux puissants et aux faibles, aux gouvernants et aux
gouvernés. L'Etat, c'est la force matérielle quelle que soit son
origine; elle est et reste un simple fait; mais elle devient légitime si ceux qui la détiennent l'emploient à l'accomplissement
des obligations négatives et positives que leur impose la règle
de droit, c'est-à-dire l'emploient à la réalisation du droit. Le
droit n'est donc point, suivant l'expression de Ihering, la politique de la force; il est la limite de la force.

## III

Quel est le fondement de cette règle de droit? C'est ce que
nous nous proposons de rechercher dans ce livre. On ne peut
le trouver dans l'individu. Il ne peut donc être que dans la
société. Mais ce droit n'est pas un pouvoir de la collectivité,
pas plus qu'il n'est un pouvoir de l'individu. Il est une règle
objective. Ce n'est pas cependant l'impératif catégorique de
Kant. Ce n'est pas davantage la règle morale des doctrines
utilitaires ou hédoniques, c'est une règle de fait; une règle
qui s'impose aux hommes, non pas en vertu d'un principe
supérieur quel qu'il soit, bien, intérêt, bonheur, mais en vertu
et par la force des faits, parce que l'homme vit en société
et ne peut vivre qu'en société. C'est en un sens la loi de la vie
sociale. Cette règle ne dit pas à l'homme : Fais cela parce que c'est
bien, parce que c'est utile, parce que ton bonheur en dépend.
Elle lui dit : Fais cela parce que cela est. Elle ne repose pas
sur un principe supérieur, mais seulement sur la réalité.
Elle a existé au moment où il y a eu des hommes, vivant en
société, et elle existera tant qu'il y en aura, identique dans
son fondement, variable dans ses applications. Elle est la loi
de l'homme social, parce que les faits sont ce qu'ils sont.
L'homme la sent ou la conçoit; le savant la formule ; le législateur positif la constate et en assure le respect, et lui-même
y est soumis, parce que ses lois ne sont rien, si elles ne sont
l'expression de cette règle s'imposant à tous.

Et cependant, cette règle sociale, telle que nous la conce-
vons, n'est point une loi au sens des lois du monde physique
ou biologique, c'est-à-dire une loi exprimant un simple rapport

de succession entre deux phénomènes. Les lois du monde
physique ou biologique sont des lois de cause ; la règle sociale
est une loi de but. La doctrine organique, qui a eu naguère
un grand crédit, et qui, nous le reconnaissons volontiers, nous
a pendant un temps séduit, voit dans les phénomènes sociaux
des phénomènes, plus complexes sans doute que les faits bio-
logiques, mais identiques à eux et comme eux soumis aux lois
de la vie. On a parlé d'une biologie sociale. On a même parlé
d'une statique ou d'une dynamique sociales (1). Ces systèmes
sont venus à leur heure et ont rendu des services; ils ont
montré le néant de la théorie des droits individuels; ils ont établi que la société n'est point un fait voulu et artificiel, mais
un fait spontané et naturel. Ils ont eu le tort de vouloir iden-
tifier les fait sociaux et les phénomènes physiques ou biolo-
giques. D'où leur discrédit à l'heure actuelle. Quoi qu'on fasse,
on n'empêchera pas que le facteur essentiel des faits sociaux
soit l'homme même, être conscient de ses actes, et pouvant
affirmer qu'il en a conscience. On ne pourra jamais démontrer
que les forces de la nature et de la vie sóient des forces conscientes; elles le sont peut-être; nul n'en sait rien ; nul ne le
saura jamais; il est possible qu'elles le soient; tout est possible ; mais nul ne peut l'affirmer. A chaque acte humain, la
conscience individuelle s'affirme. Cette force est-elle libre?
Personne ne le sait. Mais il est certain qu'elle est une force
consciente. Il est certain aussi que l'homme a conscience de
se déterminer par un but. Peut-être en réalité l'acte humain
est-il déterminé par des causes. De fait l'homme agit comme
s'il était déterminé par un but. Choisit-il librement ce but?
Peut-être. En tout cas, il le choisit consciemment. Les phénomènes du monde naturel nous apparaissent déterminés par
des causes, nécessaires ou contingentes, peu importe. Les
actes humains nous apparaissent déterminés par des buts

_______

(1) Les expressions sont, on le sait, d'Auguste Comte, mais on leur a attribué
une portée qu'elles n'avaient certainement pas dans l'esprit de leur auteur
(A. Alengry, *Essai historique et critique sur la sociologie d'Aug. Comte*, p. 231
et 244 et suiv., 1900). — Cf. Hauriou, *Le mouvement social*, 1899, qui prétend
expliquer la société par les principes de la mécanique rationnelle et les lois de
la thermodynamique. — Voy. *Revue de métaphysique*, mars et mai 1879, les
critiques de M. Bouasse et la réponse de M. Hauriou.

choisis librement peut-être, mais à coup sûr choisis consciemment (1). C'est pourquoi la loi sociale est une loi de but; tout but est légitime, quand il est conforme à la loi sociale, et tout acte fait pour atteindre ce but a une valeur sociale, c'est-à-dire juridique. La règle de droit est donc la règle de la légitimité des buts et par là elle est tout à fait différente de la loi physique ou biologique qui est la loi des rapports de cause à effet. La règle de droit peut donc s'appeler une règle de conduite, puisqu'elle s'applique à des volontés conscientes puisqu'elle détermine la valeur relative des actes conscients, de l'homme. Mais elle n'est pas une règle morale pas plus qu'elle n'est une loi physique, parce qu'elle ne détermine pas la valeur en soi des actes individuels.

De cette règle, il nous faudra trouver le principe et la formule. Tout découle de là. Si un acte a une valeur juridique, ce n'est pas parce qu'il a pour support un sujet de droit, que l'on ne trouve pas toujours, pour cette bonne raison qu'il n'existe jamais. Si un acte a une valeur juridique, c'est parce que la volonté qui l'a produit est déterminée par un but conforme à la règle de droit. La vieille notion du lien de droit, du *vinculum juris*, disparaît; le rapport de droit s'évanouit. Un fait humain, c'est-à-dire un fait provoqué par un acte de volonté individuelle, voilà tout ce qu'il y a. Ce fait est un fait de droit s'il est conforme à la règle de droit, et dans ce cas, le détenteur d'une force matérielle emploiera légitimement sa force à la réalisation de cet acte de volonté. On dit alors qu'il y a une situation de droit. Conception souple et féconde qui s'adapte merveilleuse-

---

(1) Ihering, *Der Zweck im Recht*, p. 2 et suiv., 1877. — « La loi de causalité n'a aucune puissance sur la volonté humaine, mais la loi du but; la volonté est libre vis-à-vis de la nature; elle ne lui obéit pas, elle obéit à sa propre loi. Mais tandis que la nature est sans puissance sur la volonté, la volonté a puissance sur elle, la nature doit lui obéir quand la volonté veut; toute volonté humaine est source de causalité pour le monde extérieur. La volonté apparaît ainsi comme la fin et le commencement du mouvement causal dans la nature : la volonté est un pouvoir de causalité propre vis-à-vis du monde extérieur » (*Ibid.*, p. 23). « Le ressort de cette force est le but. Le but comprend : l'homme, l'humanité, l'histoire. Dans les deux mots *quia* et *ut* apparaît l'opposition des deux mondes : le *quia* c'est la nature, le *ut* c'est l'homme » (*Ibid.*, p. 25). — Pour la distinction des lois de but et des lois de cause, cf. Jellinek, *Allgemeine Staatslehre*, p. 17 et suiv., et p. 123, 1900; — Laband, *Archiv für öffentliches Recht*, t. II, p. 317, 1887.

ment, nous espérons le montrer, aux besoins des sociétés modernes. Conception protectrice, car si elle ne peut justifier l'origine de l'Etat, elle peut en limiter les pouvoirs et l'action et en marquer les obligations. Conception pratique, car elle écarte les longues et vaines controverses sur la personnalité juridique.

Telles sont les idées générales qui ont inspiré ce livre. Il y sera beaucoup parlé de l'Etat, du droit objectif, du droit subjectif et du droit public. L'Etat : nous emploierons ce mot pour nous conformer à l'usage, mais il va de soi que, dans notre pensée, ce n'est pas l'entité personnifiée que l'on a habituellement en vue. L'Etat, pour nous, c'est l'homme, le groupe d'hommes, qui, en fait, dans une société, sont matériellement plus forts que les autres. L'Etat n'est que cela, il a été et est toujours cela, quelle que soit la forme dont il se revête, que la puissance matérielle appartienne à un seul, à quelques-uns ou à la majorité. L'idée d'une puissance matérielle, légitime parce qu'elle appartient à l'unanimité, est une fiction ; car si tous voulaient une même chose, il n'y aurait pas lieu de la commander et de l'imposer par la contrainte. Ce serait la négation de l'Etat. Il n'y aurait plus ce fait social qui s'appelle l'Etat. Droit objectif et droit subjectif : ces expressions dont on a usé et abusé ne nous plaisent qu'à demi ; nous les employons cependant parce qu'elles sont commodes ; il suffit de s'entendre sur le sens qu'on leur donne. Droit public : l'école allemande, que suit fidèlement à cet égard, nous le constatons à regret, la jeune école française, veut établir une séparation complète et absolue entre le droit privé et le droit public. Nous tenons dès à présent à protester contre cette conception. Nous ne nions pas que dans les constructions positives du droit, il y ait lieu de faire une distinction entre le droit dit public et le droit dit privé : distinction tenant à la différence de sanction pratique. Mais s'il y a un droit, il est toujours le même, parce qu'il repose sur la règle de droit, qui a toujours le même fondement. Il n'y a qu'un droit comme il n'y a qu'une justice, et nous craignons que pour nombre de représentants de l'école allemande cette distinction rigoureuse du droit public et du droit privé ne soit qu'un moyen ingénieux de donner une apparence juridique au pouvoir absolu de l'Etat.

Peut-être trouvera-t-on que dans ces études qui, dans notre pensée, doivent suivre la réalité d'aussi près que possible, nous avons fait un trop large usage de la méthode déductive et que nous n'avons pas su nous dégager entièrement de cet esprit scolastique dont les juristes sont imbus depuis des siècles et qu'on leur a si justement et si souvent reproché. Il nous paraît cependant que la méthode déductive est légitime si elle n'est qu'un instrument de découverte. Notre pensée a été de lui donner ce seul rôle, et de ne voir, dans les conclusions auxquelles elle nous conduit, que des hypothèses, tant que ces conclusions ne sont pas confirmées par les faits. Le monde du droit n'est pas ce monde fermé que nous montrent certains juristes, monde séparé de la réalité, monde idéal; c'est un monde de faits tangibles qu'il faut expliquer et classer; ce sont des volontés humaines qu'il faut saisir dans leurs manifestations concrètes; c'est l'effet social qu'elles produisent; c'est la force matérielle qu'elles mettent en jeu, qu'il faut constater et apprécier. Tous nos efforts ont tendu à ce but (1).

Cependant, ne pourrait-on pas objecter que nous avons négligé les faits, puisque dans tout ce livre il n'est pas question une fois des formes contingentes sous lesquelles se présente l'Etat aux diverses époques et dans les différents pays, et que notre travail est par suite une étude d'abstraction pure. Cette critique, nous semble-t-il, ne serait pas fondée. La méthode d'observation n'interdit pas, bien au contraire, de classer les faits, de les distinguer, sans les isoler de ceux qui les entourent. L'imperfection de l'esprit humain nous y oblige. Or, le fait, que nous étudions seul ici, est le fait d'une force matérielle consciente que certains individus prétendent imposer aux autres individus, et leur imposent effectivement; ce fait, en soi, reste toujours le même quel que soit le mode de gouvernement des plus forts. Le caractère de cette force matérielle et consciente

(1) Sur la question de méthode en droit public, cf. Deslandres, *La crise de la science politique*, dans la *Revue du droit public et de la science politique*, 1900, t. I, particulièrement p. 249 et 435. L'auteur fait une critique très juste de la méthode dite juridique, et une critique sévère de la méthode qu'il appelle la méthode sociologique. Mais sur ce dernier point, la critique me paraît s'adresser bien plutôt à l'insuffisance des résultats obtenus par la sociologie, aux hypothèses indémontrées, qu'elle a eu le tort d'accumuler, qu'à la méthode qu'elle emploie, laquelle n'est et ne peut être que l'observation.

ne dépend pas du nombre, de la situation de ceux qui en sont possesseurs ; il est tout entier dans la *matérialité* de cette force et dans le but qui détermine sa mise en action. Ou, en d'autres termes, l'Etat, quelles que soient ses formes extérieures, monarchie, aristocratie, démocratie, a toujours les mêmes pouvoirs et les mêmes devoirs, ni plus ni moins (1). Le fait Etat, ainsi compris, est un fait toujours identique à lui-même. Et c'est ce fait, ce seul fait, que nous voulons étudier. Réduit à cela, le champ est singulièrement vaste ! Les problèmes y sont nombreux et ardus ; il n'en est pas dont la solution intéresse plus directement les sociétés contemporaines.

. (1) Summer-Maine dit très justement : « Le radical à tous crins d'aujourd'hui semble persuadé que la démocratie diffère essentiellement de la monarchie. Il ne saurait y avoir d'erreur plus grossière ni plus fertile en illusions ultérieures. La démocratie doit exactement satisfaire aux mêmes conditions que la monarchie. Elle a les mêmes fonctions à remplir... Les marques de réussite dans l'accomplissement des devoirs nécessaires et naturels d'un gouvernement sont précisément les mêmes dans l'un et l'autre cas » (*Essai sur le gouvernement populaire*, traduction française, p. 92, 1887).